Inhalt

Neue Erbschaftsteuer - Koalition einigt sich in wichtigen Punkten

Kernthesen

Beitrag

Fallbeispiele

Weiterführende Literatur

Impressum

Neue Erbschaftsteuer - Koalition einigt sich in wichtigen Punkten

A. Kaindl

Kernthesen

- Die große Koalition hat sich auf Eckpunkte für die Erbschaftsteuerreform geeinigt.
- Mit der Reform werden die Ziele verfolgt, kleine Erbschaften von der Steuer freizuhalten und große Vermögen zu belasten.
- Zentrale Änderungen sind eine deutliche Steigerung der Freibeträge für engste Familienangehörige und das Abschmelzmodell bei der Vererbung von Unternehmen.
- Die erarbeiteten Reformvorschläge werden

heftig kritisiert und eine Abschaffung der Neidsteuer verlangt.

Beitrag

Nach jetzigem Stand der Erbschaftsteuerreform sind Geschwister und ihre Kinder die großen Verlierer, sie bekommen keine höheren Freibeträge als ganz Fremde. Die großen Gewinner sind die Erben von Unternehmen. Sie müssen nur noch 15 Prozent des geerbten Betriebsvermögens versteuern.

Notwendigkeit einer Erbschaftsteuerreform

Die große Koalition hat sich im November 2007 auf Eckpunkte für die Erbschaftsteuerreform geeinigt. Die Reform war notwendig geworden, nachdem das Bundesverfassungsgericht im Januar 2007 die Erbschaftsteuer in ihrer derzeitigen Form für verfassungswidrig erklärt hatte. Das bisher gültige Bewertungsverfahren führt zu willkürlichen Ergebnissen und verletzt deshalb den Grundsatz der Gleichbehandlung. Die Richter hatten u.a. gefordert, dass vererbte Immobilien, vererbtes Betriebsvermögen und landwirtschaftliches Vermögen bei der

Erbschaft- und Schenkungssteuer zum Marktwert anzusetzen sind. Bisher wurden diese weit niedriger bewertet. Bspw. wurden Immobilien nur mit etwa 60 Prozent ihres wahren Wertes berücksichtigt. Dagegen wurde geerbtes Vermögen in Aktien oder Geld in voller Höhe versteuert. Nach den Vorgaben des Bundesverfassungsgerichts werden künftig alle Vermögensarten zunächst nach dem Verkehrswert bewertet. (siehe auch Knowledge Summary zum Thema: Erbschaftsteuer - Notwendigkeit einer Überarbeitung nach Feststellung der Verfassungswidrigkeit) (1), (2), (5), (9)

Neuerungen bei vererbten Unternehmen

Den Erben von Unternehmen will die Koalition mit einem so genannten Abschmelzmodell den Generationswechsel erleichtern. Die geschuldete Erbschaftsteuer soll gestundet werden. Die gestundeten Belastungen reduzieren sich jährlich um ein Zehntel.

Folgende Bedingungen müssen erfüllt werden, damit das Abschmelzmodell angewendet werden kann: Das Unternehmen muss fortgeführt werden, dabei darf die Lohnsumme des Unternehmens nicht unter 70

Prozent des Durchschnittswerts der letzten Jahre vor dem Erbfall fallen. Zudem darf das Betriebsvermögen 15 Jahre lang nicht unter den Ausgangswert sinken. Halten die Erben diese Auflagen nicht ein, müssen sie mit Steuernachforderungen rechnen. Die Verschonungsregeln gelten pauschal für 85 Prozent des vererbten Betriebsvermögens, so dass nur noch 15 Prozent der sofortigen Erbschaftsbesteuerung unterliegen. Mit der Pauschallösung ist auch die früher geplante Unterscheidung in produktives und nichtproduktives Betriebsvermögen vom Tisch. Die Verschonungen sollten nur für das produktive Vermögen gelten. Die Unterscheidung hätte nach Einschätzung von Experten zu Abgrenzungsproblemen geführt. Durch die gefundenen Regelungen soll es unattraktiv werden, im Erbfall privates Vermögen in das steuerbegünstigte Betriebseigentum zu verlagern, um steuerliche Belastungen zu reduzieren. (1), (2)

Die Koalition einigte sich auch auf Regelungen für vermögensverwaltende Gesellschaften. Für diese gilt die günstige 85/15-Regel nur, wenn mindestens die Hälfte der Erträge aus gewerblichen Aktivitäten resultiert, d.h. der Anteil der Erträge aus Pachten, Mieten oder Dividendenerträgen muss kleiner als 50 Prozent sein. (1)

Veränderte Freibeträge

Die Koalitionäre haben die Freibeträge für engste Familienangehörige deutlich erhöht. So sollen Ehefrauen und Ehemänner künftig 500 000 Euro steuerfrei erben können statt bisher 300 000 Euro Für Kinder ist eine Erhöhung von 205 000 auf 400 000 Euro und für Enkel von 50 000 auf 200 000 Euro vorgesehen. Da das Erbschaftsteueraufkommen insgesamt nicht sinken soll, werden entfernte Verwandte in der Steuerklasse II und nicht Verwandte in der Klasse III künftig stärker belastet. Ihnen wird ein Freibetrag von nur noch 20 000 Euro zugestanden. Die Steuersätze in der Steuerklasse I sollen unverändert bleiben. Wie der Tarifverlauf in den Steuerklassen II und III aussehen wird, steht noch zur Entscheidung an. Einigkeit herrscht darüber, dass es bei einem progressiven Tarifverlauf bleiben soll. Derzeit variieren die Sätze zwischen zwölf und 50 Prozent. Das bayerische Finanzministerium wurde damit beauftragt, die Steuersätze so zu wählen, dass unterm Strich das vereinbarte Steueraufkommen aus der Erbschaftsteuer erzielt wird. Die Erbschaftsteuer steht den Ländern zu. Für 2008 rechnen diese mit Einnahmen aus der Erbschaftsteuer in Höhe von ca. 4 Milliarden Euro. (1), (2), (4)

Die Koalition konnte sich auf folgenden Kompromiss für eingetragene Lebenspartnerschaften einigen: Sie werden wie weiter entfernte Verwandte in die Steuerklasse III eingestuft, was deutlich höhere Steuersätze zur Folge hat als für Ehegatten. Aber sie erhalten mit 500 000 Euro den gleichen Freibetrag wie Ehegatten. (2)

Fallbeispiele

Der hessische Ministerpräsident Roland Koch ist überzeugt, dass mit dem gefundenen Kompromiss zur Erbschaftsteuerreform im Erbfall kein wirtschaftliches Kapital mehr aus Deutschland abgezogen wird. Er rechnet damit, dass die Zahl der zu versteuernden Erbschaftsfälle von bisher 220 000 auf maximal 140 000 jährlich zurückgeht. (1)

Der Präsident des Bundesverbandes der Deutschen Industrie, Jürgen Thumann, urteilte über den Reformentwurf wie folgt, die Reform zeige zwar gute Ansätze, gäbe aber keine befriedigenden Antworten. Insbesondere kritisierte er, dass nicht das komplette Betriebsvermögen erbschaftsteuerfrei gestellt wird. Außerdem werde der Sachverhalt vernachlässigt, dass viele Nachbarländer die Erbschaftsteuer reduzieren oder ganz abschaffen. (4), (5)

Der Privatbankier Alexander Mettenheimer von Merck Finck & Co warnte davor, die Steuerschraube für Vermögende nicht zu überdrehen. Er machte darauf aufmerksam, dass jährlich die Zahl derer, die in die Schweiz auswandert, um fünftausend steigt. Darunter seien auch viele Vermögende und jeder der wegzieht, ist für Deutschland ein verlorener Steuerzahler. (6)

Der Präsident des Verbands "Die Familienunternehmer - ASU", Patrick Adenauer, kritisiert, dass der Reformentwurf nicht die Frage beantwortet, wie eine künftige Doppelbelastung durch Erbschaftsteuer und Ertragsteuer wenigstens gemildert werden könnte. Im Bereich des Möglichen liegen Belastungsspitzen von 75 bis 95 Prozent. Wer das Abschmelzmodell nicht anwenden kann, unterliegt nach bisherigem Stand der Reformüberlegungen weiterhin einer verfassungswidrigen Gesamtbelastung. (8)

Nach Einschätzung von Steuerexperten könnten die Pläne der großen Koalition zur Reform der Erbschaftsteuer einen Adoptionsboom auslösen. Auch der Präsident des Deutschen Forums für Erbrecht, Klaus Michael Groll, erwartet eine starke Zunahme von Adoptionen und Eheschließungen. Die Adoption eines Erwachsenen ermöglicht es, die Erbschaft oder Schenkungssteuer erheblich zu mindern, denn ein bis zur Adoption Fremder fällt durch diese unter die Erbschaftsteuerklasse I mit hohen Freibeträgen und geringem Steuersatz. Kettenadoptionen sind auch möglich, d.h. ein und dieselbe Person kann sich mehrfach adoptieren lassen und mehrfach den Steuervorteil nutzen. Der Prozentsatz der Erwachsenenadoptionen an den Adoptionen nimmt stetig zu. Waren vor 25 Jahren noch etwa ein Fünftel aller Adoptionen Erwachsenenadoptionen, ist heute jede zweite Adoption eine Erwachsenenadoption. In vielen anderen europäischen Ländern sind Erwachsenenadoptionen nicht erlaubt. (7), (10)

Der Steuerabteilungsleiter des Zentralverbandes des Deutschen Handwerks, Matthias Lefarth, lobte die bekannt gewordenen Eckwerte der Erbschaftsteuerreform. Er hofft, dass die Reform dazu führen wird, dass die ganz überwiegende Mehrheit der Handwerksbetriebe von erbschaftsteuerlichen Belastungen für betriebliches Vermögen verschont wird. (8)

In Teilen der Union und der SPD wird die vorgesehene Regel, dass vermietete Grundstücke, wenn sie mehr als 50 Prozent des Betriebsvermögens ausmachen, nicht in die 85/15-Verschonungsregel einbezogen werden, als sehr problematisch angesehen. Diese Vorschrift stellt eine nicht nachvollziehbare Benachteiligung der Immobilienwirtschaft dar. Es findet eine Unterscheidung zwischen guter und schlechter gewerblicher Tätigkeit statt. (9)

Weiterführende Literatur

(1) Einigung bei Reform der Erbschaftsteuer Für Mittelständler "keine Veränderung ins Negative" aus Börsen-Zeitung, 06.11.2007, Nummer 213, Seite 7

(2) Freibeträge für Erben steigen deutlich Koalition einigt sich auf Reform der Erbschaftsteuer · Sätze bleiben zunächst unverändert · Unternehmen werden verschont
aus Financial Times Deutschland vom 06.11.2007, Seite 10

(3) Reform der Erbschaftsteuer Müder Kompromiss aus DIE WELT, 06.11.2007, Nr. 259, S. 8

(4) Union will bei Erbschaftsteuer nachbessern aus Handelsblatt Nr. 215 vom 07.11.07 Seite 4

(5) Durchbruch zur neuen Erbschaftsteuer aus Frankfurter Allgemeine Zeitung, 06.11.2007, Nr. 258, S. 11

(6) Nachhutgefechte zur Erbschaftsteuer

aus Frankfurter Allgemeine Zeitung, 12.11.2007, Nr. 263, S. 15

(7) Neue Erbschaftsteuer könnte Adoptionsboom auslösen
aus DIE WELT, 12.11.2007, Nr. 264, S. 2

(8) Skepsis gegen Konzept der Steuerreform
aus Frankfurter Allgemeine Zeitung, 07.11.2007, Nr. 259, S. 18

(9) Mehr Erbschaftsteuer auf hohe Vermögen
aus Handelsblatt Nr. 226 vom 22.11.07 Seite 3

(10) Adoption hilft Steuern sparen
aus Frankfurter Allgemeine Zeitung, 22.11.2007, Nr. 272, S. 22

Impressum

Neue Erbschaftsteuer - Koalition einigt sich in wichtigen Punkten

Bibliografische Information der deutschen Nationalbibliothek

Die Deutsche Nationalbibliothek verzeichnet diese Publikation in der deutschen Nationalbibliografie; detaillierte bibliografische Daten sind im Internet über http://dnb.d-nb.de abrufbar.

ISBN: 978-3-7379-1358-4

© 2015 GBI-Genios Deutsche Wirtschaftsdatenbank GmbH, Freischützstraße 96, 81927 München, www.genios.de

Alle Rechte vorbehalten. Dieses Werk ist einschließlich aller seiner Teile – z.B. Texte, Tabellen und Grafiken - urheberrechtlich geschützt. Jede Verwertung außerhalb der Grenzen des Urheberrechtsgesetzes bedarf der vorherigen Zustimmung des Verlags. Dies gilt insbesondere auch für auszugsweise Nachdrucke, fotomechanische Vervielfältigungen (Fotokopie/Mikroskopie), Übersetzungen, Auswertungen durch Datenbanken oder ähnliche Einrichtungen und die Einspeicherung und Verarbeitung in elektronischen Systemen.